JN440724

봄바람 불어오는 곳

책나무시선집

봄바람 불어오는 곳

표현득
시집

책나무출판사

| 시인의 말 |

인간은 누구나 시인이다.
인생살이 긴 여정 속에서 사랑과 이별의 추억과 흔적들을 되돌아 보면서 자연의 아름다운 풍경을 보고 느끼는 감성을 詩로 사랑으로 그려 보았습니다.

첫 시집이라 두렵고 설레이는 마음에 가슴이 벅찹니다.
더욱 더 따뜻하고 사랑스런 감성으로 수채화를 그리듯 詩를 그려 보겠습니다.

부족한 글이지만 열정적인 사랑의 마음으로 독자 여러분의 가슴속에 사랑과 행복의 향기를 곱게 피워 보겠습니다. 감사합니다.

| 목차 |

1부 | 겨울 산사의 풍경 소리

2부 | 행복을 주는 사람아

3부 | 봄바람 불어오는 곳

1부

겨울 산사의
풍경 소리

늦가을 홍시의 추억

메마른 가지에 힘겹게
매달려 찬서리 마시며
빨갛게 맛갈나게 익어
군침을 돌게하는 홍시
먹음직스럽고 곱구나

빠알간 홍시 바라보니
찬바람 부는 동구밖에
자식들 기다리는 엄마
생각에 한바구니 가득
따서 갖다 드리야겠다

찬바람부는 늦가을 밤
금방 터질듯한 잘익은
홍시 맛나게 먹으면서
온가족 오손도손 모여
앉아서

따뜻한 마음과 사랑을
나누며 웃음으로 정을

쌓았든 그시절 홍시의
추억이 그리워진다

엄마의 향기

엄마의 사랑이 담긴
내음은 극락의 향기

지금도 그 향기만은
내 가슴에 곱게남아
따뜻하고 예쁜 사랑
그립구나

정성이 담긴 밥상엔
김이 모락모락 피는
구수한 꽁 보리밥과

김치와 된장 멸치만
넣은 된장국의 맛은
그 어디에 비하리오

땀에 젖은 저고리에
풍기는 엄마의 내음
天地간에 비교할 수
없는 신의 향기였네

찬바람 부는 겨울엔
구수하고 맛깔스런
극락의 꽃향기 같은
달콤한 엄마의 향기
한없이 그리워 지네

겨울 산사의 풍경 소리

흰눈으로 채색된 산사
삭풍을 타고서 은은히
들려오는 풍경 소리는

중생의 무거운 번뇌가
눈녹듯이 녹아 청수가
되어 흘러내려 연꽃의
청정한 사랑을 품노나

겨울 산사 풍경소리는
자비의 향기 스며들어
마음에 맑은 깨달음을
주고

새로운 봄을 기다리는
희망의 세상을 꿈꾸는
영혼의 울림으로 맑은
연꽃의 심성을 전하네

호롱불 연가

차가운 삭풍 소리에
가슴이 시려오는 밤
닳아 빠진 문풍지는
아파서 서럽게 울고

다낡은 문틈 사이로
스며오는 잔 바람에
호롱불도 흔들리며
춤을추는 그 모습이
나비들이 꽃을 찾아
날 듯이 아름답구나

행여나 바람소리가
임이 아닐까 싶어서
내 가슴을 졸이면서
살며시
문을 열어 봅니다

외사랑

차가운 바람소리
앙상한 가지마다
눈보라 몰아쳐도

애틋한 그리움에
외로워 아파해도
나는 행복합니다

눈빛만 바라봐도
떨리는 심장소리
멎을것만 같아요

하아얀 가슴속에
그리움 씨앗뿌려
그대 닮은 예쁜꽃
향기롭게 피우며
살렵니다

세월이 흘러가도
당신을 사랑하는

마음 변함없기에
너무나 행복해요…

늙어 간다고 서러워 마오

젊다는 것은 아름다운 것
순수한 맑은 향기로 살지

늙어 간다는것 젊은 시절
풋풋한 추억 그리움 향기
가슴에 간직하며 그리워
하며 산다네

늙어 간다고 서러워 하지
말고 푸른 희망의 꿈들을
차근차근 그리며 뜨겁게
사세나

인생은 돌고도는 순환의
법칙 속에서 사는 날까지
모두 어울려 따뜻한 향기
나누고 살면 진정한 행복
살만한 세상입니다

나이로 살지 말고 뜨거운

열정의 사랑으로 잘못은
품어주고 안아주어 젊게
품 나게 향기롭게 살아요

중년의 사랑과 그리움

창문 사이로 눈부신
햇살 곱게 쏟아지고

중년의 공허한 가슴
세월을 초월한 사랑

따뜻한 향기 감도는
촉촉이 젖은 감성이
새싹처럼 돋아 나니

화사하고 향기로운
봄꽃같은 고운 사랑
그리워 눈물 짓노나

누렇게 빛바랜 추억
말끔히 다 지우고서

꽃이 지고 새가 울면
떠나갈 임 일지라도

봄날의 피는 목련꽃
닮은 은은한 향기로
가슴에 흔적 남기는
사랑하며 살고 싶어

봄비 같은 겨울비

冬風이 春風같아
소리없이 내리는
봄비같은 겨울비

冬眠중인 개구리
봄이다 소리치며
고개를 내밀고서

하늘을 쳐다보니
기러기떼 모여서
겨울찬가 부르고

나목의 가지들도
봄인듯 눈을뜨니
朔風이 몰아치네

따사로운 봄날을
기다리는 萬物은
그리움을 꿈꾸네

비와 그리움

창가에 떨어지는 빗방울
가슴에 깊숙이 스며드니
왜 이리 눈물이 날까요?

한맺힌 사랑은 방울방울
빗물되어 흐르니 애잔한
그리움 잔잔히 밀려오고

빗물은 눈물되어 흐르고
사랑은 그리움의 꽃으로
피어나 구슬픈 노랫소리
영혼속에 맴돌고 있구나

미치도록 보고픈 마음에
비내리는 숲속길 거닐며
가슴속에 흐르는 눈물을
빗물로 씻어 보내렵니다

삶

살면서
그렇게도 아프드냐
그렇게도 슬프드냐

삶이란?
아파하고 슬퍼하며
성숙하게 익어가며
향기롭게 사는거야

사노라면
아픔속에 행복있고
슬픔속에 사랑있어
아름다운 흔적들을
가슴깊이 곱게품어
그리워하며 산다네

그 시절의 행복

부담없는 편안한 심성
맑고 순수한 영혼들과

햇살, 바람이 속삭이고
樹木은 초록香 품고서
산새의 사랑 노랫소리
은은히 들려오는 그곳

시냇물 졸졸졸 흐르는
자연의 맑은 쉼터에서
좋은 벗들과 청담으로
꿈같은 세월을 낚으며

사랑과 우정을 쌓고서
가슴으로 행복 만들며
천진난 만 웃음소리가
메아리치는 낙원 같은
그 시절이 그립구나

엄마는 신의 손

옛날옛적 내 엄마는
빛바랜 낡은 흰적삼
단벌 저고리 한벌로
사시사철 깁고 빨아
비단 옷보다 빛나고
목련꽃보다 예쁜 옷
만드시는 요술쟁이
신의 손이었습니다

옷이 낡아 너털너털
헤지고 퇴색된 적삼
희미한 호롱불 아래
쪼그리고 앉아 이리
저리 자르고 기우면
멋깔스런 옷이 된다

찬바람 휘몰아 치는
겨울밤 흰 저고리에
때가 묻어 얼룩지면
차가운 물에 빨래해

갈아입을 옷이 없어
얇은 홑이불 쓰고서
아궁이에 불을 지펴
말리면 뽀송 뽀송한
새 옷으로 태어나죠

나의 어머니는
단아한 품격과 고운
심성의 맑은 향기와
강인한 사랑의 힘은
신께서 보내어 주신
다재다능 천사 같은
인자한 여인이었소

겨울 오후의 여유로움

창가에 쏟아지는
따사로운 햇볕은
눈부시고 포근해

문틈 사이사이로
스며드는 청정한
공기는 차갑지만
소박한 일상속에
행복주는 공기다

창너머 산과들엔
殘雪들이 햇볕에
녹아내려 수목의
생명수로 태어나
雪山을 맑게하고

햇살좋은 겨울날
커피한잔 마시는
여유로운 오후는
봄이온듯 수목의

떨리는 심장소리
리듬타고 흐르네

겨울 예찬

겨울이 존재 하므로
꽃피는 봄이 온다네

가슴 웅크리지 말고
마음의 창 활짝열어
설국의 풍경 즐기세

겨울햇살 가득 넣은
부드러운 차의 맛은
극락의 차와 같다네

그 맛과 순수 향기는
타 계절에선 느낄 수
없는 독특한 사랑차

겨울 사랑을 품고서
봄을 기다리는 마음
설렘의 천국이라네

이 땅에 살아 숨쉬는

만물도 쉼이 있어야
희망찬 탄생. 사랑을
꿈꾸며 산다네

우리 모두 겨울동화
같은 하얀 눈꽃사랑
눈부시게 해 보세나

추억에 젖은 겨울비

겨울비
추적추적 내리는 날은
空 치는 날
이런 날은 따끈따끈한
구들목에 大자로누워
겨울비 낙수 소리
벗 삼아 추억에 젖는다

엄마가 정성껏 쪄 주신
토실토실 살찐 누우런
잘 익은 고구마 속살은
맛깔나게 향기를 품고

그 유혹에 가득 한입을
넣으니 사르르 녹는다
그 맛은 천국의 별미요
향기는 엄마 내음이라

따뜻한 숭늉 한사발에
어머니의 사랑과 정이

담겨있는 넉넉한 시골
사랑이 그리워지노나

고구마로 배를 채우니
달콤한 낮잠에 빠지고
꿈속에서 어머니 사랑
동심속의 벗들과 만나
따뜻한 청담 나누리라

눈이 내려요

눈이 내려요
새하얀 천사가
순수한 사랑 옷을
예쁘게 단장하고서
솔솔 내 곁에 내립니다

임이 계시는
그곳 세상에도
뽀하얀 눈송이가
天鶴이 춤을 추듯
경이롭게 내리겠지요

산과 들
신이 만든
하얀 설국 세상
눈부시게 빛나니
천상의 冬花 같아요

난

흰 눈이
펑펑 내리면
임이 오시는 듯
설레이는 그리움
마음에 살며시 담아

반짝이는
창가에 서서
눈꽃보다 예쁜
사모의 마음으로
사랑 하트로 그려서
당신에게 보내옵니다

오늘같이
흰 눈이 내리면
난 당신의 사랑이
너무 그립고 그리워
미친 듯이
하얀 길을 달려가고파

기다림과 그리움

기다림은
안개 같아
멀게만 보이고

애틋한
내 사랑은
허공 속에 머무네

그리움은
추억 속에서
가슴앓이 하고

마음은
큰 설렘으로
다가와
심장이 뛰노나

내 사랑은 가고

손에 잡힐듯 잡힐듯
잡히지 않는 사랑아

썰물처럼 밀려가는
희미한 우리사랑은
허공속에 방황하고

애틋한 그리움으로
열정의 붉은 사랑은
노을빛 되어 어둠의
세상에 잠이 드노나

근검절약

보통 사람들의 삶은
적은 수입에도 근검
절약을 몸소 실천해

성실 노력의 결과로
보람된 삶을 위하여
쉼 없이 달려가지요

이 세상은 공짜란것
없다. 스스로 땀흘린
노력의 대가로 조금
부족 하지만 넉넉한

마음의 부자로 정과
사랑을 주고 받으며
즐겁게 살아 간다오

여유롭고 평온한 삶
행복이 꽃피는 세상
오직 노력과 절약이

최고의 명약이라네

신은
일하지 않는자 먹지
말라고 말씀 하셨다

빈 마음과 빈 의자

임이 머문 빈마음엔
고엽의 슬픈 悲歌에
눈물 방울 비가되어
아프게 떨어지고

임이 떠난 빈의자엔
따뜻한 사랑의 흔적
겨울비에 녹아 내려
사라져 버린 사람아
허한 심정 어이하리

순수함이 묻어나는
우리의 맑은 사랑이
그리움에 가슴 아파
맑은 사랑의 기도와
愛心으로 기다리면
내 님은 꼭 오시겠지

이젠 떠나오리다

심심산골의 척박한
땅에 외롭게 피어난
이름없는 꽃 한송이

넉넉하고 풍요롭진
않아도 가난의 굴래
속에서 살아가면서

온갖 아픔의 시련을
이겨내며 배가 고파
흐르는 계곡의 청수
마시며 힘들어 했지

허허벌판 이름 없는
청산에 둥지 짓고서
함께 어우러져 사는
이름모를 꽃과 나무

가끔
벌, 나비 벗들이 오면

향긋한 사랑의 밀어
속삭이면 가슴으로
진붉은 향기 피어나
행복에 젖기도 했지

이젠
꽃 피고지고 낙엽도
떨어져 하늘이 나를
오라고 부르시네

슬픈 이별의 가을비
촉촉이 내리는 날에
산골 주막집에 앉아
솔잎을 안주 삼아서
막걸리 한잔 마시고

쓸쓸한 가슴을 안고
숲속 낙엽길을 따라
허무한 가슴속 붉은
단풍의 추억 담고서

미련 없이 떠나가리

落下하는 枯葉

고엽 한잎 낙하하여
내 품속에 날아와서
작별의 노래 부르니
서러움과 아쉬움 만
남기고 떠나 가누나

풋풋한 청춘도 한철
초록 빛 나뭇잎들은
형형색색 곱게 익어
아름다운 멋 뽐내며
은은한 향기 품은지
엊그제 같았는데

어느덧 고엽이 되어
소슬 바람에 떨어져
뒹구니 너무 허무해

늙어가는 시간속의
흐름은 초행길이라
두려움과 무서움에

가슴 떨기도 하지만

그래도
자연의 섭리에 순응
좋은 벗을 만난다는
마음으로 편안하게
늙어가는 소풍길을
즐겁게 손잡고가세

기다림의 사랑이 향기롭다

내 마음과 네 마음에
연분홍 빛깔 사랑이
고운 향기로 물들고

그 사람을 사랑함은
이유도 없이 좋아요
생각만 하여도 황홀
하답니다

애잔한 사랑을 품어
가슴은 온통 무지개
빛 그리움의 색깔로
愛心의 꽃 피어나요

애틋한 기다림 속에
익어가는 예쁜 사랑
아름답고 향긋하니
사랑은 위대합니다

그리움과 가슴앓이

긴 밤 지새우며
슬픈 그리움 끌어안고
가슴앓이 하며 울어대는 설움의
눈물은 촉촉이 젖어 들고

깊은 그리움 너무나 애틋해
이른 새벽 내 마음의 창가에
피어있는 시련의 꽃잎마다
영롱한 아침 이슬 곱게 맺혀
사랑의 빛으로 나를 부르네

아!
오늘은 눈부신 나의 사랑이
따사로운 햇살로 내 품속에
살며시 스며 오실 것 같아서
터질 듯한 이 뜨거운 설렘을 어이하리오

허물어진 육신과 영혼

신이 주신
축배의 술잔을 마시며
즐겁고 행복을 나누며
잔잔한 호수속 물고기
처럼 평온하게 살았지

세월은 유수처럼 흘러
끈끈한 사랑과 정으로
수많은 시간과 더불어
생사고락을 나눈 우리

살아보니
세상 모든일이 덧없이
흘러 후회와 미련들만
남아 가슴이 저려오네

내 스스로
진작에 알았다면 과욕
탐욕의 짐 벗어버리고
늘 감사하는 마음으로

좋은 인연들과 만나서
아름다운 청담 나누며
평온하고 희망이 솟는
찬란하고 빛나는 삶을
보람되게 살았을 텐데…

신은 인간에게 두번의
기회를 주지않는 인생
한 시절 연극이었지만
관객이 없는 무대였네

이젠
은빛 백발이 휘날리는
노인이 되어 허물어진
육신과 흐릿한 영혼은
소리없는 숨 몰아쉬고
애환의 깊은 주름살만
서글프게 남아 있노나

2부

행복을
주는 사람아

어울림은 행복입니다

끼리끼리
오손도순
넉넉지 않아도
맑은 사랑으로
함께 어울려 산다면
아름다운 행복이지요

티 없이
맑은 영혼으로
깔깔 웃으며
뒹굴고 어우러져
밝게 산다는 것
사람 사는 맛이지요

알콩달콩
사랑 나누며
따뜻한 가슴으로
작은 희망 꿈꾸며
겸손하고 낮은 자세로
人香美 나누며 산다면

향기로운 인생입니다

넌 나에게…

넌
나에게
아담하고 귀엽고
어여쁜 봄꽃 여인
봄 햇살 향기 같아라

넌
나에게
사시사철
푸른 사랑을
변함없이 품어
青松같은 해맑은
향기 주는 행복의 여인

넌
나의
외로운 가슴에
사랑의 빛을 밝혀주는
영롱하고 찬란한
별빛 같은 여인입니다

우린
황홀한
사랑보다
작은 희망 담아
평범한 일상 꿈꾸는

맑고
순수한
들꽃 같은
풋풋한 사랑을
속삭이는 일심의
영원한 동반자입니다

향기

감미롭고 달콤한
행복이 스며있고
사랑이 묻어나는
아름다운 향기는

자연속 空氣처럼
자연스럽게 생성
되는것은 아니다

순수한 가슴으로
해맑은 영혼으로
진심어린 배려와
존중으로 노력이
최우선 과제이다

이러한 노력들이
사랑으로 승화해
옹달샘물 흐르듯
고운香 피우면서
사는것이 진정한

행복의 향기이다

그 여인의 품격

곁에서 바라보면
봄꽃같이 예쁘고

멀리서 쳐다보면
단풍같이 곱구나

여인의 일편단심
연분홍 순정이요

반짝이는 눈동자
별빛처럼 빛나네

배시시 웃는 입술
미소 향기 피노나

함께하는 행복

행복은
나만의 소유라는
이기적인 욕심이
불행의 씨앗을 만든다

행복은
겸손하고 감사하는
따뜻한 마음이 없다면
타인에게
불신의 상처를 주어
사랑과 정이 사라진다

행복은
삶의 공간 속에서
더불어 어우러져
존중과 배려를 통해
조건 없는 배품과
나눔의 사랑만이
진정한 행복의 꽃을
피울 수 있다

숨어 우는 바람 소리

심심산골 바위 틈에
백년의 노송 휘어진
가지에 앉아 아파서
숨어우는 바람 소리
들어 보았나요?

사모하는 임 그리워
한 여인의 일편단심
깊은 가슴앓이 하며
숨어우는 바람 소리
들어 보았나요?

우리 어머니가 사랑
하는 자식들을 위해
온몸을 던져 주고도
더주지 못한 사랑에
아파하며 숨어 우는
영혼의 바람 소리를
들어 보았나요?

세상살이 고달파서
소리 없이 숨어 우는
애틋한 중생의 애환
따뜻한 사랑이 담긴
가슴으로 품어 주어
행복 나누며 살아요

커피의 매력

악마 같은 검은 정수
지옥같이 뜨겁지만
천사처럼 순수하고
키스처럼 달콤해서
님의
붉은 입술 향기로다

내 마음이 울적하여
그리움이 깊어가고
긴 기다림 지쳐오면
은은한 커피 한잔에
허전함을 달래 본다

내 영혼
힘들어 방황할 때면
따뜻한 향기를 품은
카페 라떼를 마신다

커피는 늘 변함없이
함께 동행하는 맑은

벗이요 따뜻한 연인
이로다

아름다운 인생

향기롭고 눈부신 인생
보람되고 달콤한 인생
겉 모습은 화사하지만
내면속의 허상 거기서
거기이고 별거 없드라

맑은 인연들과 어울려
따뜻한 사랑 나누면서
작고 소소하고 평범한
행복을 가꾸듯 마음에
맑은꽃 피우며 살아요

한평생을 꿈꾸어 왔든
소중하고 보람된 추억
고이 간직해 화사하진
않지만 다함께 어울려
산다는 일상의 기쁨이
아름다운 인생 아닐까

삶의 시를 그린다

그대가
그리운 날은
애틋한 애심을
사랑으로 시를 쓰고

마음이
외로울 땐
동심 속 벗들의
따뜻한 마음
해맑은 모습을
예쁜 시를 그려본다

가슴에
먹구름 몰려와
나를 흔들어대면
높고 푸른 하늘을
바라보며
하늘 내음을 향긋이
마시며
맑고 푸른 시를 쓴다

인생살이
아파 힘이 들면
희망을 꿈꾸며
따뜻하고 행복한
내 삶의 시를 쓰며
나 자신을 위로한다

오늘도
쌓이고 쌓인
수많은 번뇌들
첫눈처럼 눈부신
하얀 세상 꿈꾸며
해탈과 비움의 시를
쓴다

찬바람
휘몰아치는
心山에 올라서
멀고 먼 내 고향
山天을 바라보며

내 영혼을 달래본다

꿈을 꾸어요

늘
우리는
꿈을 꾸며
꿈을 먹고 삽니다

누구나
그 꿈을
이루기 위해
뜨거운 열정으로
행복한 꿈을 만들죠

고난과
역경을 견뎌
희망의 강을 건너서

눈부신
오색 무지개 꽃
예쁘게 피어있는
꽃동산에서 살래요

기적은
바라지 않아요
열심히 노력한 만큼

나의
작고 아름다운
예쁜 꿈과 소망
꼭 이루어낼 거예요

꿈이
없다면
사는 의미가 없어요

꿈은
이루어진다는
믿음과 희망을 가져요

기도하며 살아요

기도는 자기가 믿는
신의 우상화를 위한
행위가 아닌 행복을
품는 사랑의 빛이다

마음을
깨끗하게 정화하고
번뇌와 고통속에서
불안함을 다스려서
평온을 찾는 안식처

기도는
어두운 영혼의 방에
사랑의 빛을 밝히는
희망의 횃불이기에

건강한 인생

눈이 맑고 즐거워야
내 마음도 젊어지고

일식삼찬의 소박한
식단이라도 입맛이
즐거워야 건강하며

적당한 운동, 사랑을
통해 건강한 육신에
청춘의 꽃 피어난다

사랑으로 바라보면
보이는곳 머무는곳
마다 행복의 열매가
주렁주렁 맺히리라

살아보니 별거 없드라

아무리
마음에 와닿고
내 스타일이라도

상대가
싫다 하면
목숨 걸지 말거라

살아보면
그놈이 그놈
그년이 그년
특별한 것 없드라

그냥
소소한 행복
清心을 나누며
순수한 향기로
풀꽃처럼 살면 되지

살아봐라

그땐. 알겠지만

사랑의 미학

바라만 보아도 셀렘을 주고
생각만 하여도 뜨거운 심장
하얗게 타 버릴 듯 사모하는 나의 사랑아

가슴속 깊이 곱게 담아두면
연꽃 향기 같은 맑은 향기로
내 마음에 스며들어 행복을 주는 나의 사람아

꿈속에도 그리움 애틋하여
별빛 같은 사랑의 꽃 피어나
기쁨의 눈물이 맺혀 흐르는 영원한 나의 사람아

그대가 주신 순수한 사랑에
하루하루가 희망과 기쁨이 넘쳐나 마냥 행복합니다

밝은 믿음의 사회로

각박한 세상 응어리 맺힌
헐벗고 굶주린 우리 이웃

병적인 탐욕 이기적 세상
나만 잘살면 된다는 사고

진실은 없고 허상만 존재
믿음은 없고 불신의 사회

우리 모두가 따뜻한 가슴
밝은 미소로 나눔과 베품

사랑으로 행복을 나누는
세상을 꿈꾸는 아름다운
미래를 다함께 실천하자

인명은 재천

짧게보면 하루살이
길게보면 백년살이

단명인가 장수인가
신이주신 天命이지

살아있는 동안에는
후회없이 사람답게
사는것이 축복받은
아름다운 인생이다

인연

만남도 인연이고
이별도 인연이지

인연이 아닌자가
만나면 악연이요

햇살같은 인연은
때(時)가 오기에
기다림이 중요하다

좋은 사람

좋은 사람은 말은 안해도
마음에 담아 두기만 해도
맑고 고운 향기가 꽃처럼
아름답게 피어난다

문뜩
애잔한 그리움 피어나면
행복한 마음 나눌수있는
은은한 차한잔도 마실수
없지만

부드러운 목소리와 고운
미소속에서 하늘 내음이
은은히 가슴에 젖어든다

살면서
내 마음속에 늘 담아두고
싶은 좋은 사람아
오늘도 단풍이 곱게 물든
가을 언덕에 올라 파아란

하늘을 바라보며 눈 시울
적시며 그리워한다네

부부

멀리 있어
보이지 않아도
마음 등불의 빛으로
사랑과 행복을 주는 사이

살면서
생사고락으로
소복소복 쌓은 情
神께서도 허물 수 없는
오직
사랑으로 역어서 만든
아름다운 삶의 동반자

가끔
눈에 불을 켜고
티격태격하지만
사랑의 힘으로
극복할 수 있는 천생연분

부부는

사랑하는 마음으로
행복의 향기를 나누는
꽃보다 아름다운 人花다

마음

마음을 비우면
행복이 보이고

마음을 나누면
사랑이 보이네

마음을 베풀면
인정이 묻어나
아름다운 인연
웃음꽃 핀다네

자비로운 마음
하늘도 춤춘다

행복을 주는 사람아

소중한 나의 사람아
애잔한 나의 사랑아

가슴으로 품은 사랑
한없이 맑은 사람아

수정처럼 맑은 사랑
달빛 香같은 사람아

그대와 함께한 인연
꽃과 나비같은 사랑

하늘같은 푸른 사랑
그 어디에 비하리오

가슴속에 스며 오는
따스한 온기 나누며
행복을 주는 사람아

인생의 맛

극락의 밥상처럼
맛깔나게 잘 먹고

자신과 가족들과
맑은 인연을 위해
즐겁게 기도하고

오늘이
마지막인 것처럼
심장이 터지도록
달콤하고 뜨거운
사랑하다

어느 날
눈부시게 맑은 날
살며시 불어오는
바람 따라 흔적을
남기지 말고 가세

단순 명쾌하게

사는 것이 답이지
인생 별거 없잖아

진정한 행복

삶에 지쳐버린 사람들
불안과 근심 걱정으로
하루도 바람잘날 없고

평안과 여유로움 없는
미쳐가는 세상 속에서
아름답게 사는 인생은

서로에게 부딪힘 없이
낮은곳을 찾아 흐르는
물처럼 사는 겸손함과
감사함으로 사는 것이
진정한 행복이 아닐까

물질과 마음의 행복

물질적인 풍요는
오감의 즐거움과
기쁨이 충만하는
찰나의 행복이요

따뜻하고 포근한
사랑스런 마음은
상대에게 존중과
배려와 감사함의
온기를 나누는것
영원한 행복이다

감사함을 잊지 말자

나에게
진심으로 사랑을 주고
힘이되어 위안을 주는
인연에게 항상 감사의
기도를 올리고 산다네

고마운 은혜를 마음의
벽에 걸어두고 기억을
잊지않기 위해 감사의
말을 독백하며 산다네

나 또한 어둠속에 있는
인연들에게 밝은 빛을
줄 수 있도록 노력하며
사랑을 주며 살겠다는
맑은 다짐을 하지요

언젠가
나에게 작은 여유라도
생기면 따뜻한 마음을

한아름 안고 달려가
감사하다 꼭 전하리라

그냥 열심히 사는 것이 행복

약해지지 마 흔들리지 마
아파하지 마 한숨짓지 마

이 세상에 모든 사람들은
다 가슴앓이 하며 산다네

다만 표현을 안할 뿐이지
가진 자나 빈 자 할 것 없이
나름대로 가슴에 아픔을
묻고서 번뇌하며 산다네

세상은 공평하고 평등해
행복과 불행은 자신들이
만들어 가는 선택입니다

가벼운 짐이 쌓이고 쌓여
무거운 짐이 된다는 사실

하찮은 것에 너무 신경을
쓰지 마 그냥 열심히 사는

인생이면 만족하며 살자

사는것이 허무하고 가슴
답답하면 파아란 하늘을
쳐다보며 마음 비워보세

가끔은 푸른산 바라보며
넓게 포용하고 아우르며
살다보면 행복이 보이네

즐겁게 신나게 사랑하며
살아봐 우는소리 그만해
살다보면 더 살고 싶어져
산다는 것 별거 없어 그냥
열심히 살면 좋은 날이 꼭
꼭 온다는 진리를…

3부

봄바람
불어오는 곳

봄 편지

작년 가을에 추수한
오색빛 감성의 씨앗

겨우내 마음의 방에
예쁘게 걸어 두었다

봄비 촉촉이 내리고
훈훈한 봄바람 불면

마음에 詩田을 갈아
사랑의 씨앗을 뿌려

봄햇살 맑고 눈부신
날에 맑은 연두빛깔

순수한 사랑의 새싹
돋아난 화사한 봄날

예쁜 사랑의 詩語를
곱게 적어 그대에게

봄 편지 띄우렵니다

매화꽃 연가

하얀 눈밭을 헤치고
새생명의 찬란한 빛
아름답게 비추는 꽃

그대 고귀한 자태가
깨끗하고 아름다워
어이 표현하오리까

모진 겨울의 한파와
차가운 눈과 바람을
이겨내고 구부러진
가지마다 꿋꿋하게
꽃피워 향기 피우고

그대 성품 고결하고
굳은 절개가 빛나니
누구인들 사랑하지
않을 수가 있으리오

달빛 맑고 고운날에

예쁜 꽃잎 피우고서
고운 향기 품으시니

멀리 떠난 사랑하는
임이 오신 듯 기쁘고
사랑스럽구나

봄비 내리는 아침

봄비 내리는 상큼한 아침
손꼽아 기다렸든 새 봄은

어느 날 아침 성큼 다가와
내 가슴에 안겨 방긋방긋
미소 짓는다

地天의 山河 초록빛 희망
가득 품고서 봄맞이 준비
한창이다

설렘과 떨림 푸른 심장은
힘차게 뜨겁게 생동한다

창문을 열고 가슴 깊숙이
스며드는 봄날 아침 향기

분홍빛 훈훈한 가슴으로
사랑스럽게 맞이하세나

사랑

새싹보다 순수하고
흰목련보다 곱다오

봄꽃보다 화사하여
향기롭고 설레인다

달빛같은 맑은순정
그리움에 애달프고

별빛보다 영롱하고
눈부시게 반짝인다

사랑보다 위대함은
天地間에 없노메라

사모하는 임이시여
내 곁에 머물러주오

봄바람 불어오는 곳

봄바람
살며시 불어오는
향기로운 그곳에

난
상큼한
사랑의 향기
마음에 가득 담아
그대 곁으로 간다

겨우내
가슴속에
묻어 두었든
봄꽃보다 화사한
임 만나러 간다네

설렘과
두근대는
핑크빛 마음
그대

손짓하는 곳으로

따뜻한
봄 햇살 같은
사랑과 행복 찾아
그곳으로 나는 가네

봄이 오나 봐

새 봄은
마음에서 오나 봐요
창문너머 스며 오는
봄 햇살은 눈부시고
봄 바람은 살랑살랑
춤을 추며 다가오네

상큼한 연둣빛으로
물든 고운 향기는
겨울잠에서 깨어난
생명의 힘찬 숨소리
새 봄날
맑은 희망을 부르고

파란 하늘엔 푸르른
사랑의 날갯짓하며
산새들은 봄 예찬가
노래 소리 맑고 곱다

꽃피는 봄이 온다고

동구 밖 개울가에서
무거운 마음을 씻고
새로운 우리의 봄을
아름답게 꽃 피워요

별꽃 여인

하얀
순백한
여인의 얼굴로
이 세상에
별꽃으로 피어나

님의
心田에
꽃 등불 되어
반짝반짝 빛나는
하늘나라
하얀 천사 같구나

너의
부드러운
예쁜 미소로
감미로운 향기
품어 주는 여인아

넌

어둠을
밝은 빛으로
사랑의 추억
가슴에 심어준
하늘의 별꽃이야

인연의 향기

네
마음이
연꽃처럼
곱고 겸손하니

내
마음도
풀꽃처럼
비우니 맑구나

우리
만남은
흐르는
세월 속에
은은하게 익어
향긋이 물드니

그 향기
바람 꽃
품에 안겨

만 리를 가노나

비구니

새벽이슬 머금은 듯
새하얀 목련꽃 닮은
순수하고 고운 얼굴

순백하고 여린 심성
맑고 고요한 자태가
천상의 백학 같아라

티없이 맑은 눈동자
시냇물 졸졸 흐르듯
독경을 읽는 소리가

중생들 번뇌의 짐을
구제해 속세의 고통
벗어나 평온을 찾게
하노나

가슴에서 뿜어 나온
사랑, 자비의 향기는
아마도 전생에

부처님인 듯 하구나

난(蘭)

고요한 심성 순수의 꽃
해맑은 여인의 고결한
자태 같도다

기품이 깊어 그 향기가
그윽해 산 넘고 물 건너
만 리를 품고 가네

심신산골 바위틈에서
홀로 향기 뿜는 여인의
꽃이로다

푸른 잎새는 가늘고
휘어져 보드라운 곡선의
아름다움
고귀한 품격의 맑은 꽃
새벽이슬 먹고 산다네

봄을 꿈꾸는 동토(冬土)

눈보라 휘몰아 치는
하아얀 겨울 들판에

萬物은 무상 무념의
웃음 잃은 마네킹의
서글픈 모습 같구나

冬土의 하얀 시간에
갇혀 있는듯 외롭고
차디찬 공간 속에서
힘든 고뇌를 견디며

꽃피고 새가 춤추는
화사하고 향기로운
예쁜 봄을 기다리며
눈부신 분홍빛 사랑
품은 행복을 꿈꾼다

계절과 계절 사이

당신과
예쁜 만남은
눈부시게 빛났고
이 가을 뜨거웠다네

무지갯빛
아름다운 사랑
설렘의 고운 추억
맑은 그리움 남기고

가슴과
가슴으로 만든
붉게 물든 영혼
두려움 없던 사랑은

삭풍에
흩어져 뒹구는
빛바랜 낙엽 안고
계절과 계절 사이에서

애틋한
그리움 남겨놓고
미련과 아쉬움 속에
또 다시 재회의 사랑
희망의 계절을 꿈꾼다

나무의 사계절

나무야 나무야 초록 나무야
계절이 돌고 돌아 순환되면
너의 멋진 모습도 계절 따라
변하노니 이 세상 변하지
않은 것이 없구나

따뜻한 봄이면 연두 새싹이
돋아나 아기 손처럼 여리고
고와서 애정의 꽃들이 활짝
피어나고

여름이면 초록 빛깔로 채색
젊음과 희망을 상징하는 듯
큰 기상 하늘 높이 힘차게
솟아나 청춘의 계절인 듯
싱그럽구나

가을이면 만물이 익어 향기
품듯 겸손함과 낮은 자세로
풍요로운 결실을 맺어 주어

풍년의 행복을 나누는구나

겨울이 오면 모든 것 비우고
새로운 도전과 희망을 위해
내면의 자아를 참회와 반성
으로 새로운 세상을 꿈꾸는
모습. 경이로움의 극치로다

세월 따라 흘러가는 계절은
인간의 변해가는 모습 같은
자연 속 나목들의 신비롭고
아름다운 변화의 흐름이다

사랑이란

사랑은,
멀리 있으면 애틋하고
곁에 있어도 애잔하다
때론
외롭지만 달콤도 하지

만나면 한없이 기쁘고
사랑이 올 때면 즐겁고
사랑이 갈 때면 마음이
아프지만 더 성숙해진
모습으로 태어나지요

늘. 진실과 믿음 속에
가슴으로 사랑한다면

꽃피는 아름다운 봄날
행복하고 달콤한 사랑
꿈꾸며

꽃과 나비처럼 상처를

주지 않는 맑은 사랑의
향기가 가슴에 젖으리

사랑의 향기

사랑하고 다시
또 사랑을 해도

가슴에 피어난
애잔한 향기는
사라지지 않네

옹달샘 물같은
청량한 정수는
쉼없이 솟아나

온유한 순백의
은은한 사랑은
가슴에 영원한
향기로 남으리

국화꽃 향기

만물이 시들어 떨어지는
쓸쓸하고 허전한 계절에

三月春風 다 보내고
落木寒天 홀로 피었는가

하늘처럼 맑고 겸손하며
의젓하고 고요한 품격의
네 모습이 귀인의 자태를
닮아 참으로 곱구나

국화꽃 향기 짙은 만추도
저물어가고 立冬이 와도
그윽한 네 향기 가슴속에
젖어 그리움으로 남노나

바람의 빛깔

그대는
바람의 빛깔을 아나요
눈으로는 보이지 않아
마음으로만 볼수 있지

그대는
바람과 함께 아름다운
속삭임을 나누어 봤니
그 맑은 속삭임은 영혼
만으로 소통할 수 있지

바람의 빛깔은 계절에
따라 신비로움 속에서
사랑을 나누며 산다네

봄이면 연분홍 빛깔로
진달래 꽃을 노래하고

여름이면 초록 빛깔로
산과 초원에 나뭇잎과

춤사위로 즐겁게 살지

가을이면 붉은 단풍잎
가슴에 품고서 낭만의
사랑을 꿈꾸며 풍년을
노래한다네

찬바람 부는 겨울이면
첫눈 닮은 새하얀 얼굴
순수한 마음으로 봄을
기다리며 연둣빛 여린
사랑 기다리며 산다네

계절에 따라 변화하는
바람의 빛깔은 자연의
심성과 같아 맑고밝은
영혼으로 살아야 만이
바람의 빛깔과 영원히
좋은 벗이 될 수 있다네

준비된 사랑

준비되지 않는 사랑은
스쳐가는 사랑이라
오래 가지 못하고
이별한다

순수한 사랑 주고받는
가슴이 맑고 밝아야
사랑도 향기가
곱다

사랑이 없다면 내 곁에
머물든 좋은 사람도
다 떠날것이다
미련 없이

아름답고 예쁜 사랑은
영혼 속에도 영원한
맑은 생명수가
흐른다

사람과 사람 사이에
믿음과 신뢰만이
핑크빛 사랑
싹이 튼다
예쁘게…

풀꽃의 품격

볼품없고 초라해서
사랑받지 못하지만

자신만의 고운심성
당당함이 충만하고
해맑은 품격속에서

은은하게 꽃피우는
자랑스러운 풀꽃아
네가 참 아름답구나

진정한 아름다움은
화려한 美色. 짙은
향기만이 전부가
아니며 마음입니다

작은꽃과 큰꽃

작은꽃은 곱고 예쁘다
수줍은듯 겸손한 자태
아기자기한 귀여움에
동양적 美가 묻어나고

키가 큰꽃은 우아하고
품격있는 당당한 자태
꽃잎이 크고 화려해서
서양적 美가 돋보인다

높이와 모양은 달라도
꽃마다 꽃잎의 빛깔과
향기는 개성과 특성이
달라서 꽃들이 어울려
고운 향기를 품는다면
눈부신 꽃세상 속에서
사랑과 행복이 빛나리

봄을 품은 사랑

부드러운
춘풍을 품은
연두색 心田에

연분홍 빛
연정을 품은 듯
설렘은 짙어가고

임을
기다리는
애잔한 그리움
하얀 밤 지새우네

임께서
오시는 날
사모화 꽃잎 피워
(思慕花)
愛心의 香 드리리

봄 햇살

따사로운 봄 햇살
눈부시게 맑구나

훈훈한 봄 햇볕을
가슴속에 담으니

임의 香 품은듯이
행복이 싹이 트네

손꼽아 기다리던
우리들의 봄날은

찬란하고 눈부신
사랑의 시작이다

봄바람 불어오는 곳

초판 1쇄 발행 2023년 3월 15일

지은이 표현득

펴낸이 임병천
펴낸곳 책나무출판사
출판신고 2004년 4월 22일 (제318-00034)

주소 서울시 영등포구 신길3동 325-70 3F
전화 02-338-1228 **팩스** 0505-866-8254
홈페이지 www.booktree.info

ISBN 978-89-6339-693-4 03810